AF370171

VENTE

AUX ENCHÈRES PUBLIQUES

Après décès de Mlle GESLIN

DE

MÉDAILLES ET MONNAIES

Grecques, Romaines

Byzantines, de la Renaissance

et Modernes

MEUBLES ANCIENS ET MODERNES

Bronzes, Porcelaines

CURIOSITÉS, TABLEAUX, LIVRES

RUE DROUOT, 9 — SALLE N° 3

Les Mercredi 14 et Jeudi 15 Mars 1894

A DEUX HEURES PRÉCISES

Par le ministère de Me Henri OUDARD, Commissaire-Priseur,
rue des Pyramides, 18

Assisté, pour les Médailles, de **MM. ROLLIN** et **FEUARDENT**, Experts
rue de Louvois, 4

et, pour les Meubles et Curiosités, de **M. B. LASQUIN**, Expert,
rue Laffitte, 12

EXPOSITION PUBLIQUE

POUR LES MEUBLES, CURIOSITÉS ET TABLEAUX

Le Mercredi 14 Mars 1894, de 2 heure à 5 heures 1/2

PARIS — 1894

CONDITIONS DE LA VENTE

—

La vente sera faite expressément au comptant.

Les Acquéreurs paieront CINQ POUR CENT en sus des adjudications.

ORDRE DES VACATIONS

—

Le Mercredi 14 Mars 1894

Du n° 1 au n° 173

MÉDAILLES ET MONNAIES

Le Jeudi 15 Mars 1894

MEUBLES, BRONZES, PORCELAINES, CURIOSITÉS

TABLEAUX, LIVRES

A. MAULDE et Cie. imprimeurs de la Compagnie des Commissaires-Priseurs, rue de Rivoli, 144.   400—40411

DÉSIGNATION

I. — MÉDAILLES ANTIQUES GRECQUES

1. **Syracuse.** Tête d'Hercule à gauche. ℞. Tête de femme dans un carré creux. 2 pièces. OR.

2. **Cnide** (?) Tête de lion à droite. ℞. Carré creux. OR.

3. **Gauloise de Pannonie.** Tête laurée à gauche. ℞. Cheval. Tétradrachme. AR.

4. **Metaponte, Caulonia, Croton.** 7 pièces. AR.

5. **Naples, Tarente, Velia.** 8 pièces. AR.

6. **Agrigente.** Tétradrachme. Drachme. 2 pièces. AR.

7. **Leontini, Syracuse.** 3 pièces. AR.

8. **Philistis,** reine de Syracuse. AR.

9. **Macédoine.** Lété. Neapolis. 4 pièces. AR.

10. — Philippe II. Alexandre. 3 pièces. AR.

11. **Athènes.** Tête de Pallas. ℞. Chouette. 3 pièces. AR.

12. **Pergame.** Philétaire roi. Parium. Pergame. 3 pièces. AR.

13 **Thessalie, Corinthe, Beotie, Lesbos,** etc. 9 pièces AR.

14. **Pamphylie.** Side. 1 pièce. AR.

15. **Syrie.** Seleucus Ier. Juba Ier de Mauritanie. 2 pièces.
AR.

16. **Parthes,** rois. Tétradrachmes. 6 pièces. AR.

17. — Drachmes. 41 pièces. AR.

18. **Perses sassanides.** 40 pièces. AR.

19. **Bactriane.** Rois. Ménandre, etc. 6 pièces. AR.

20. Lot de Tétradrachmes grecs. 13 pièces. AR.

21. Lot de Didrachmes grecs. 10 pièces. AR.

22. Même lot. 14 pièces. AR.

23. Drachmes grecs. 50 pièces. AR.

24. Divisions de la drachme. 84 pièces. AR.

25. Lot de fausses pièces rares grecques et romaines :
12 pièces. AR.

26. Sous ce numéro, seront vendues environ 2,500 monnaies grecques de bronze, classées en grande
partie avec leurs étiquettes et avec leurs cartons.
Ce lot sera divisé par cinq ou six cartons à la
fois, mais on pourra demander la vente de la
série en bloc.

II. — MÉDAILLES ROMAINES

27. **Pompée.** ℞. Proue de navire. G.B.

28. **Marc-Antoine** et **Auguste.** T.B. AR.

29. **Marc-Antoine** et **Lucius-Antoine.** T.B. AR.

30. **Auguste,** frappé à Cesarée. G.B.

31. **Livie, Julie.** 3 pièces. B. M.B.

32. **Antonia.** Germanicus. 2 pièces. B. M.B.

33. **Caligula.** ℞. Estrade et temple. 2 pièces. B. G.B.

34. **Claude** et Agrippine. B. AR.

35. **Néron, César.** B. AR.

36. **Néron.** ℞. Temple. T.B. G.B.

37. — ℞. Marché et génie. 2 pièces. T.B. M.B.

38. **Galba.** ℞. s. c. Victoire. B. G.B.

39. **Vespasien.** ℞. Fortune et Rome. 2 pièces. B. G.B. et M.B.

40. **Titus.** ℞. L'Espérance. B. G.B.

41. **Julie,** fille de Titus. 3 pièces. G.B et M.B.

42. **Domitien.** Temples. 2 pièces. T.B. G.B et M.B.

43. **Nerva.** ℞. Palmier. B. G.B.

44. **Trajan.** ℞. L'Empereur couronné par la Victoire et autre avec la Fortune assise. 3 pièces. T.B. G.B.

45. **Plotine.** Femme de Trajan. Fruste. G.B.

46. **Hadrien.** Revers rares. 3 pièces. B. G.B.

47. — Revers rare. 3 pièces. T.B. M.B.

48. **Sabine.** Femme d'Hadrien. 3 pièces. B. G.B. et M.B.

49. **Aelius** César. ℞. L'Espérance. B. G.B.

50. **Antonin.** Un grand bronze et trois moyens. T.B.

51. **Antonin** et **Marc Aurèle.** T.B. M.B.

52. **Faustine mère.** Deux grands bronzes et un moyen. T.B.

53. **Lucius Verus, Lucille.** Deux grands bronzes et deux moyens. T.B.

54. **Commode.** Revers rares. 4 pièces B et T.B. G.B.

55. **Pertinax.** R/. VOTA DECEN. T.B. AR.

56. — R/. OPI DIVI. G.B. Une pièce.

57. **Dide Julien.** R/. P. M. TR. P. La Fortune. B. G.B.

58. **Manlia scantilla.** IVNO. 2 pièces. Fruste. G.B.

59. **Didia Clara.** HILARITAS. G.B.

60. **Albin.** Mains jointes. AR. Fortune. G.B. 3 pièces. B. AR. G.B. et M.B.

61. **Septime Sévère.** R/. L'empereur couronné et la Fortune. 2 pièces. T.B. G.B. et M.B.

62. **Julia Domna.** R/. VESTA. Vesta assise. B. G.B.

63. **Caracalla.** R/. Trophée et Minerve. 2 pièces. B. G.B. et M.B.

64. **Gêta.** Revers rares. 4 pièces. B. et T.B. G.B et M.B.

65. **Macrin.** R/. PONTIF, etc. T.B. AR.

66. — AEQVITAS et PONTIF MAX. 2 pièces. B. et T.B. G.B

67. — VOTA PVB., etc. T.B. M.B.

68. **Diaduménien.** SPES PVBLICA. L'Espérance. T.B. AR.

69. — PRINCIPI. IVVEN. Le César debout. B. G.B.

70. — La même médaille. B. M.B.

71. **Elagabale.** Deux grands bronzes et un moyen. B. et T.B.

72. **Julia Paula**. Une pièce argent, un grand et un moyen bronze. 3 pièces.

73. **Aquilia Severa**. CONCORDIA. 3 pièces. G.B. et M.B.

74. **Julia Soaemias**. R/. MATER DEVM. B. M.B.

75. **Sévère Alexandre**. Quadrige et la Libéralité. 2 pièces. B. et T.B. M.B.

76. **Orbiana**. R/. CONCORDIA. La Concorde assise. B. AR.

77. **Mamée**. R/. IVNO. T.B. G.B.

78. **Maximin Ier**. R/. VOTIS et PROVIDENTIA. 2 pièces. T.B. G.B et M.B.

79. **Pauline**, femme de Maximin. R/. CONSECRATIO. T.B. G.B.

80. **Gordien d'Afrique père**. R/. La Sécurité assise. G.B.

81. **Balbin**. PROVIDENTIA. T.B. AR.

82. — La même médaille. B. G.B.

83. **Pupien**. R/. CARITAS, etc. Mains jointes. T.B. AR.

84. — R/. VICTORIA. T.B. G.B.

85. **Gordien III**. César. PIETAS AVG. Vases. B. G.B.

86. **Gordien III**. Empereur. R/. Estrade. LAETITIA. VICTORIA. 3 pièces. B et T.B. G.B.

87. **Gordien III et Tranquilline**. Frappée à Singara. T.B. G.B.

88. **Philippe père**. R/. Salus. — **Otacilie**. R/. Hippopotame. 2 pièces. T.B. G.B.

89. **Trajan Dèce**. FELICITAS. La Félicité debout. Médaillon de bronze.

90. — LIBERALITAS. Estrade. B. G.B.

91. — VICTORIA. La Victoire et LIBERALITAS. 2 pièces. T.B. G.B et M.B.

92. **Herennius Etruscus.** PRINCIPI. 3 pièces. B. et T.B. G.B.

93. **Hostilien.** ℞. PRINCIPI, etc. Apollon assis. G.B.

94. **Emilien.** P.M.T.R.P. Emilien sacrifiant. B. AR.

95. **Valérien père.** VIRTVS et ORIENS. 2 pièces. B. G.B.

96. — **Mariniana** CONSECRATIO. 3 pièces. AR. G.B .et M.B.

97. **Gallien** ORIENS et VOTIS. 2 pièces. B. G.B.

98. **Salonine.** IVNO. Junon debout. B. G.B.

99. **Salonin.** PRINCIPI.IVVENTVTIS. Salonin debout.B.M.B.

100. **Postume.** Revers variés. 4 pièces. B. G.B.

101. **Macrien** SOLI INVICTO. Le soleil debout. T.B. P.B.

102. **Quietus.** SOLI INVICTO. Le soleil debout. B. P.B.

103. **Marius.** Revers variés. 4 pièces. P.B.

104. **Aurélien et Severine.** 3 pièces. B. G.B et M.B.

105. **Magnia urbica.** ℞. VENVS. B. P.B. argenté.

106. **Maximien Hercule.** ℞. VIRTVS. Porte d'un camp. F.D.C. AR.

107. **Caransius. Hannibalien.** 2 pièces. Fruste. P.B.

108. **Galeria Valeria.** ℞. VENERI. 2 pièces. B. M.B.

109. **Sévère II.** ℞. GENIO POPVLI. F.D.C. M.B.

110. **Romulus** César. ℞. AETERNAE. 2 pièces. M.B et P.B.

111. **Constance II.** ℞. VICTORIA AVG.N.N. Victoire assise. B. Bronze médaillon.

112. **Valentinien III.** ℞. Sans légende. Couronne. T.B.
OR. Triens.

III. — MONNAIES BYZANTINES

113. **Anastase, Justin I**er. ℞. ᴠɪᴄᴛᴏʀɪᴀ. 3 pièces. T.B. OR.
Triens.

114. **Héraclius I**er, **Léon III.** 2 pièces. OR. Triens.

115. **Théophile Michel** et **Constantin,** et **Théophile**
seul. 3 pièces. B. OR et OR. Triens.

116. **Basile I**er et **Constantin VIII.** ℞. Le Christ assis.
B. OR.

117. **Jean I**er, **Zimiscès.** ℞. Le Christ assis. B. OR.

118. **Constantin XII.** ℞. Buste du Christ. T.B. OR.

119. **Alexis I**er Commène. ℞. Le Christ assis. OR.
Concave.

120. **Michel VII,** Ducas. ℞. Buste du Christ. OR. Concave.

121. **Isaac II l'Ange.** ℞. La Vierge assise. OR. Concave.

122. **Trajan.** ℞., sans légende. Bacchus dans une cage
de panthères, accompagné d'un berger et d'un
joueur de flûte, etc. Sabatier, pl. XI, n° 10.
B. Bronze médaillon contorniate.

123. Lot de médaillons de bronze fruste. *Hadrien, Commode, Crispine, Gallien* et *Salonine, Probus,
Rome, Constantinople.* 8 pièces.

124. Lot de 15 médailles consulaires. AR.

125. Lot de 64 médailles romaines, depuis *Auguste* jusqu'à *Marc-Aurèle*. AR.

126. Lot de 56 médailles romaines, de *Commode* à *Maximin I*er.

127. Lot de 76 médailles de billon de *Gordien III* et *Postume*. Billon.

128. Lot de 17 médailles de *Dioclétien* à *Honorius*. AR.

129. Lot de 14 médailles byzantines. AR.

130. Sous ce numéro, seront vendus quantité de lots de grands bronzes, depuis Auguste jusqu'à Postume.

131. Egalement des lots de moyens bronzes des mêmes règnes.

132-133. Plusieurs lots de Follis ou moyens bronzes, de Dioclétien à la fin de l'empire d'Occident.

134. Plusieurs lots de petits bronzes, depuis Gallien jusqu'à l'empire d'Occident.

135. Une grande suite de monnaies byzantines, généralement classées et étiquetées. Elles seront vendues par plusieurs cartons à la fois, ou la collection en bloc, si on le désire.

IV. — GRANDES MÉDAILLES DE LA RENAISSANCE

ET MODERNES

136. **Louis XIII** et **Anne de Bretagne**. La grande médaille de Lyon. BR.

137. **Sigismond Pandolphe**. R̸. Château-fort. BR.

138. Paris. ℞. Hélène. Médaillon ovale. BR.

139. Charles V de Lorraine et **Bar.** ℞. CHRISTO VICTOR. Guerriers combattant la Turquie. Belle médaille dorée. BR.

140. Lot de pièces de la Renaissance en partie fausses. 9 pièces. BR.

141. Lot de Médailles et Plaques. 9 pièces. BR. et étain.

142. Lot de grands Clichés cuivre et étain de la Révolution. Prise de la Bastille, etc.

143. Autre lot de la même époque, moyen et petit modules, cuivre et étain, 50 pièces.

144. Médailles et Jetons de la même époque. 39 pièces. BR.

145. Lot de Médailles de Napoléon Ier et sa famille, de tous modules. 70 pièces. BR.

146. Lot de Clichés du même règne, de tous modules. 63 pièces. BR. et Étain.

147. Lot de Médailles de la Restauration, Louis XVIII, etc , de tous modules. 80 pièces. BR.

148. Même lot, Clichés, etc. 37 pièces. Étain.

149. Lot de Louis-Philippe et Révolution de 1848. 17 pièces. BR. et Étain.

150. Lot de Napoléon III et sa famille, divers modules. 45 pièces. BR. et Étain.

151. Lot de grandes Médailles française et étrangères. 25 pièces. BR.

152. Même lot de tous modules. 70 pièces. BR.

153. Même lot en étain. 88 pièces. Étain.

154. Lot de Médailles en biscuit et en ivoire. 14 pièces.

155. Lot de Jetons francs-maçons. 12 pièces. BR.

156. Lot de Boutons en écaille, Médailles en bois, en verre, en cuir, etc. 50 pièces.

157. Lot de Médailles grecques et romaines, fausses. Padouans, etc. 16 pièces. BR.

158. Lot de trois Matrices pour clichés de médailles. BR.

159. Lot d'environ 400 Monnaies et médailles reproduites en métal Darcet.

160. Lot de 70 Monnaies seigneuriales, etc. AR. et BR.

161. Charte et Sceau du roi Louis-Philippe pour la naturalisation de François Lancisa, 1843. Vélin.

162. Album numismatique avec très beaux dessins et notes de feu M. Geslin, 1 vol. relié.

163. Un gros Cahier de Dessins et Gravures de médailles.

164. Un Cahier de livraisons dépareillées de la *Glyptique, Sceaux et Médailles.*

165. Un lot d'Assignats du Gouvernement et des Communes.

166. Un joli lot de Papyrus égyptiens, Fragments, etc.

167. Trois petites Vitrines contenant des Verres antiques et fragments de Verres bien irisés.

168. Un petit lot de Catalogues.

169. Un petit Médailler avec six tiroirs. — Haut. 0^{m}18, long. 0^{m}34, larg. 0^{m}22.

170. Un Médailler sans porte, vingt-huit tiroirs sur deux rangs. — Haut. 0^{m}33. long. 0^{m}69, larg. 0^{m}42.

171. Un Médailler avec double porte, cinquante tiroirs
     sur deux rangs. — Haut. 0^m65, long. 0^m65,
     larg. 0^m42.

172. Un Médailler avec double porte, soixante-deux
     tiroirs sur deux rangs, trous des différents mo-
     dules percés dans le bois. — Haut. 0^m50, long.
     0^m55, larg. 0^m39.

173. Un lot de Reproduction en galvanoplastie et étain
     de quatorze beaux Sceaux royaux, etc.

DÉSIGNATION SOMMAIRE

MEUBLES ANCIENS, BRONZES

Meuble Louis XIII, à deux corps, en bois sculpté.

Commode Louis XIV, en marqueterie.

Cabinets Louis XIII, en écaille et incrustés.

Console Louis XVI, en bois doré.

Glace Louis XIV, à bordure en bois sculpté et doré.

Fauteuils et Chaises Louis XVI.

Guéridon Empire.

Pendule Empire, en bronze doré.

Flambeaux Louis XIV et Louis XVI.

Bassin en cuivre rouge repoussé.

PORCELAINES, CURIOSITÉS

Porcelaines de Chine, du Japon et de Saxe.

Potiches et Cornets en vieux Japon.

Deux Figurines en ancienne terre émaillée du Japon.

Tasses, petits Vases, Objets d'étagère.

Porcelaines Louis XVI, décorées.

Groupes et Statuettes en biscuit.

Petit Plat en ancienne faïence d'Urbino.

Plat ovale en faïence de Palissy.

Buste de Gaston d'Orléans, en terre cuite peinte du XVIIe siècle.

Pièces en émail de Chine.

Médaillons-Portraits en bronze.

Modèle de navire.

Curiosités diverses.

TABLEAUX

Études peintes et Dessins par GESLIN : Architecture et Documents sur l'Égypte.

Gravures, Livres, Autographes.

Mobilier ordinaire, Ustensiles de ménage.

Piano en palissandre de Pope.

www.ingramcontent.com/pod-product-compliance
Lightning Source LLC
LaVergne TN
LVHW010853180726
843502LV00010B/3883